जब लौटकर आना

दास्ता दर्द-ए इश्क की

सौम्या राय

Made with ♥ on the Notion Press Platform
www.notionpress.com

मैं इस पुस्तक को अपने परिवार, दोस्तों और उन सभी लोगों को समर्पित करती हूं जिन्होनें मुझे लिखने के लिए प्रेरित करा और मेरी भावनाओ को समझा।

विशेष रूप से, मैं इसे अपने माता-पिता को समर्पित करती हूं, जिन्होंने मुझे जीवन के हर कदम पर समर्थन दिया और मेरी कलम को मजबूत बनाया।

और अंतिम में मैं इस पुस्तक को अपने पाठकों को समर्पित करती हूं जो इसे पढ़ेंगे और मेरी भावनाओं को समझेंगे।

क्रम-सूची

प्रस्तावना

शायरी की दुनिया में एक नई आवाज, एक नई दृष्टिकोड के साथ यह पुस्तक आपके सामने है।

इस पुस्तक में प्रेम, दर्द और आशा की भावनाएँ हैं जो आपके दिल को छुएगी। इसमें जीवन के अनुभव, भावनाओं और विचारों को शब्दो मे पिरोया गया है।

इस पुस्तक के माध्यम से, हम अपनी भावनाओं और विचारों को आपके साथ बाटना चाहते हैं और आपको अपनी दुनिया में ले जाना चाहते हैं।

प्रस्तावना

उम्मीद है आपको ये पसंद आएगा!

भूमिका

इस पुस्तक का उद्देश

है कि पाठकों को शायरी के माध्यम से जीवन के विभिन्न पहलूओं को देखने का एक नया तारीका मिले।

यह पुस्तक प्रेम, दर्द और आशा के भावनाओं को छूती है, जो पाठकों के दिल को छुयेगी।
इस पुस्तक के माध्यम से हम अपनी भावनाओं और विचारों को आपके साथ बाटना चाहते हैं...

पावती (स्वीकृति)

मैं अपनी शायरी को आपके सामने प्रस्तुत करते हुए
एक गहरी स्वीकृति महसूस करती हूं।
यह स्वीकृति मेरी भावनाओ, मेरे विचारो, मेरे जीवन
के अनुभव की है, जिन्हे मैंने शब्दों में पिरोया है।
मैं स्वीकार करती हूं कि मेरी शायरी मेरी स्वीकृति है,
मेरी अभिव्यक्ति है, और मेरी पहचान है।
यह मेरे दिल से निकली गहराइयों का प्रतिबिंब है, जो
मुझे लगता है कि पाठको के दिल को छुएगी।

मैं स्वीकार करती हूं कि मेरी शायरी में मेरी काफी
कमियां हो सकती है, लेकिन मेरी उम्मीद करती हूं
कि पाठक मेरी भावनाओ और मेरी शायरी को
समझेंगे।

1. इस बार जब लौटकर आना .....

सुनो...

इस बार जब लौटकर आना,
कोई बहाने लेकर मत आना;

और सुनो"
जो मुझे तन्हा पाना
एक दफा कसके गले लगाना।

शायद तेरे गले लगाते,
मैं तेरी सारी गलतियाँ भुला जाउ;
जो तोड़ गया था मुझे

फ़िर उन टुकड़ों को जोड़ एक रूह बना पाऊँ।

पता है,
आज भी तेरी जगह कोई न ले पाया,
जो ढूंढ़ना चाहा खुशियां अपनी
यार...
फिर दिल ने तुझे आवाज़ लगाया।

तो सुन"

अब जो तू वापस आना,
अबकी बार दिल ना दुखाना;
बस एक बाए मुस्कुराना,

शायद
तेरे मुस्कुराने से
मैं सारे सिकवे - गिले भूल जाउं,
फ़िर तुझपे यकीन कर सारा प्यार लुटाऊ।

सुन,
तेरे चले जाने से खामोश हो गये हैं,
तूने ऐसा सताया हम होश खो गए हैं।

अब किसी से बात नहीं होती ,

पहले की तरह मुलाकात नहीं होती।

अब मायूसी मे भी मुस्कुरा लेते हैं

आदत इतनी बुरी लगाई तूने,

कि हम हकीकतें काफी बारिकी से छुपा लेते हैं;

तो सुन,
जब तू लौटकर आना
फिर एक दफा मुझे अपना बताना।

शायद,

तेरे बोलते ही मैं मुस्कुराने लगु,

हर तुझसे जुड़ी बुरी यादे मिटा ,

मैं भी तुझे अपना बताने लगु।

और सुनो,
अब जब लौटकर आना;
हो सके तो उस हसीन सख्स को साथ न लाना।
जिसकी खातिर मुझे तोड़ कर गये थे,
भरी महफ़िल में छोड़ कर गये थे|

अब मुझे एक बार और ना आज़माना,

सुनो मेरी जान मुझे अब और ना सताना।

"देखो

तुम्हारे चले जाने से कैसे तन्हाई ने जकड़ा है;

यार...

दर्द इतना था तुम्हारे जाने का हर एक बुरी आदतो ने हमें पकड़ा है|

"भूलना चाहती थी

पर भूल ना पाई ,

तेरे नाम का दाग अपने दामन से धूल ना पाई।

"हर बार तुझे भुलाते

कोई सख्स आ जाता है"

बेजान-सी जिंदगी में तेरा नाम ले,

और मौत की तरफ ले जाता है

तो सुनो,
इस बार जब लौटकर आना
जिंदगी फिर बेरंग ना बनाना|

"और सुनो
अपने नाम को इसबार दाग ना बनाना"
एक दफा मेरा नाम ले
उसे मेरी परछाई बताना।

शायद..

तेरे बोलने से,

मेरी बेजान-सी जिंदगी में भी जान आ जाए;
आज मौत की गुजारिश करते है,
कहीं कल हमें हमारी जिंदगी भा जाए|

तो सुनो,
अब जब लौटकर आना,
मुझे एक बार और ना आज़माना,

फिर से सुनो मेरी जान
मुझे और ना सताना.

"इस बार जब लौटकर आना...

2. |अधूरे पन्ने|

"वैसे कुछ खास पाया नहीं जिंदगी में....
पर तुम मिलो
तो शायद कुछ बात हो;

इस वीरान-सी जिंदगी में भी कही खुशियों की सौगात हो।

वैसे तो गुजर देते हैं रातें हम गलियों में

पर तू मिले.. तो शायद कहीं हमारी भी सुकून वाली रात हो।

कहीं किसी रोज़ हमारी जब मुलाकात हो,
शायद इस पतझड़-सी जिंदगी में भी कहीं सावन-सी बरसात हो।

बेसक ठिकाना नहीं हमारे जीने का;
पर तू आये तो कहीं हम भी जीवन के मोहताज हो।

वैसे तो कुछ खास पाया नहीं जिंदगी में.....
पर तुम मिलो
तो शायद कुछ बात हो।

लोग कह जाते हैं अक्सर पत्थर दिल हमें
पर तेरे आने से कहीं हमारे भीतर भी जज्बात हो।

वैसे कोई खास है नहीं मेरे पास
पर शायद तेरे आने से हमारा भी समात हो।

पैसा बहुत कमाया
पर कहीं तेरे आने से पास मेरे घर के भी कागज़ात
हो।

'अब और घूमना न चाहूँगा'
सून..
बंजारो सी जिंदगी में इस
कहीं हमारा भी आवास हो,
बस तू आ जाए तो

कहीं महफ़िल में हमारा भी नबात हो।

वैसे कुछ खास पाया नहीं जिंदगी में...

पर तुम मिलो

तो शायद कुछ बात हो।।

3. वो खुली खिड़की

"खिड़की खुली थी तुम्हारी,
हमारी याद आयी क्या?

हमें एक दफ़ा निहारने की तड़प
हमारे गुजर जाने के बाद आई क्या?

मै बता दू

महफ़िल में राह काफी अरसो से देखा था

आपके आने की,

हाँ,
आज भी तुम्हें मोहब्बत है हमसे

ये एक दफा और बताने की।

शायद,

ये सुनके हमें एक जरिया मिल जाता

और हम जिंदगी अकेला गुजार देते हैं तुम्हारी यादों में...
यकीन मानो
तुम्हारे ये बोल जाने से

बस जी लेते जिंदगी हम जिंदगी किन्ही और बहानो से।

पर खुदगर्जी तो देखो आपकी
किसी बहाने भी ना आये;
किसी और के होके भी तुम मेरे ही रहोगे
ये बताने भी ना आये।

पर छोड़ दिया उन्हें भी....
ये बताओ किसी ने हमारे बरबादी की दास्ताँ सालो बाद

सुनी क्या?

"खिड़की खुली थी तुम्हारी,
हमारी याद आयी क्या?

'ख़ुश तो बहुत होगे '
आख़िर छोड़ ही दिया अब तेरी गलियों में जाना,
तेरेउस एक झलक के खातिर
हर एक तरह के बहाने बनाना....

चलो ठीक ही है,
अब हम भी चैन से रहेंगे
तेरे दिये दर्द अब और ना सहेंगे।

वैसे बोलना तो आसान है
पर बता दू ,
"मेहबूब नहीं आशिक था मैं तेरी सादगी का"
शाम ढली और अंधेरा हो गया

पर मैं इंतजार कर रहा था बस तेरे राजगी का।

पर क्या ही फर्क तुम्हें पड़ेगा

जो मैं ये सारी बताऊं.....

छोड़ो अब

क्या ही पत्थर दिल को

अपने टूटे दिल की कहानी सुनाऊँ।

तुम ये बताओ,
मेरे मरने की खबर
आज अरसो बाद पाई क्या?

"खिड़की खुली थी तुम्हारी,
हमारी याद आयी क्या?

4. फासले

"हमारी अब रोज़ाना बात नहीं होती,
पहले की तरह मुलाक़ात नहीं होती।

"अब सब कुछ बदला सा हो गया है"

जो रिश्ता कभी बहुत खास था ,

शायद.... अब वो खो गया है।

देखो,

ग़लती उनकी ना थी
और दोष हमारा भी ना था;

साथ रहना हमे गवारा भी ना था ।

अब फ़सलों ने भी उसे बेहला लिया,
मेरी जगह किसी और का पता बता दिया ।

पर उसने कहा था

हमारे बीच दूरियां कभी ना आएंगी;
चाहे कोई भी आए

मुझे बस तू ही भाएगी ।

खैर ,

बाते उनकी महफ़ूज़ ना हुई
शायद...
ज़रूरी हमारी महसूस ना हुई ।।

5. [वापसी]

जा रहे हो!
अच्छा, फिर वापस आना है।
क्यों?
फिर झूठे ख्वाब दिखाके मुझे अपना बताना है।

फिर किसी और के खातिर
मेरे दिल को दुखाना है!

चलो ठीक है,
फिर वापस कब आओगे?
जो मेरे बुरे वक्त में छोड़ रहे हो मुझे
इसमें मेरी कमी बताओगे?

माना की हालात बुरे है,
पर ये पल भी गुजर जाएगा।

पर याद रखना
तुम्हारे छोड़ जाने की याद ये हमेशा दिलाएगा।

क्या कहा था?
प्यार करते हो!
अफ़सोस मुझे नज़र तो ना आया,
जब जरूरत पड़ी तुम्हारी ,
तुमने तो हमें पराया ही बताया।

खैर याद करते-करते
एक ना एक दिन तो तुम्हें भूल ही जायेंगे;

जब ढूंढ़ोगे भरी महफ़िल में ,
तब शायद नजर भी ना आएंगे।

"कोशिश करूंगी तुमसे काफ़ी दूर जाने का,
जो आज खो रही हूँ
वो नूर वापस आने का।

काफ़ी मुश्किल होगा तुम्हें भूलने का सफ़र...
पर तुम रुकोगे भी तो नहीं
जो मैं कह दू अगर।

आये ही क्यू थे?
जब तुम्हें यूँ छोड़ ही जाना था;
पहले ही जख्म कम थे क्या..
जो तुम्हें भी वो दौर फिर दिखाना था।

खैर,
सफ़र काफ़ी सुहाना रहा आपके साथ..
पर याद अब भूलना होगा आपके बाद।

याद तो बहुत आओगे
पर संभाल लेंगे।

जो आए नजर किसीदिन ,
फिर तुम ही बताओ
तुम्हें देखेंगे या नज़रे अपनी घुमा लेंगे?

"सोचा था सारा प्यार तुम पे लुटायेंगे"
पर क्या पता था ,

एक दिन खुद ही यूं बिखर जाएगा।

रोना काफ़ी नहीं होगा,
पर कुछ कर भी नहीं सकते..
डर है न कुछ चीज़ों का
इसीलिए मर भी तो नहीं सकते।।

6. दास्ताँ दर्द-ए इश्क़ की!

"कि दिल के किसी कोने में
दफ्न जख्म काफी गहरा है,

ये खरा पानी नहीं
दर्द है जो आँखों के रास्ते बह रहा है।

“और ये जान के भी
कि गुनेहगार हम नहीं,
आशिकी की मार
हमारा पूरा बदन सह रहा है।

बेशक़ नफ़रत है उस शख़्स से,
पर ये भी गलत नहीं
कि आज भी दिल पे उसी का पहरा है।

और क्या ही जिद्दी है उसकी यादें,
निकल फेकने के बाद भी ख्यालों में
पत्थर -सा ठहरा है।

कुछ अंतिम बातें....

ये लौटकर आना, फिर वापस चले जाना,

यादों का आना और दिल में समाना,

खिड़कियां की खड़खड़ाहट या उसे पाने की चाहत,

वो दूरियां ,वो बातें

भावनाओं में घिरी वो लंबी-लंबी रातें,

वो खोये पल और बीते हुए कल,

ज़ेहन में ठहरे बस यादें बनकर.

ये थी मेरी बातें और जज्बातें बस और कुछ नहीं....

समाप्त होती है यहां मेरी कुछ भावनाएं जो मैंने अपनी डायरी में उतारा था।

वो कुछ बातें जिनको दिल में सवारा था।

उम्मीद करेंगे हमारी बातें आपके दिल में महफ़ूज़ रहेगी..

www.ingramcontent.com/pod-product-compliance
Lightning Source LLC
La Vergne TN
LVHW041301150826
845673LV00008B/2681

* 9 7 9 8 8 9 5 5 6 4 0 4 2 *